AF312501

27 Février 1907

marque
99p

VENTE

des 27 et 28 Février 1907

HOTEL DROUOT — SALLE N° 7

A 2 HEURES

TAPISSERIES ANCIENNES

Objets d'Art et d'Ameublement

TABLEAUX

PROVENANT DE LA COLLECTION

de Feu M. A. CHESSE, de Nantes

Me LAIR-DUBREUIL, Commissaire-Priseur.

M. Arthur BLOCHE, Expert près la Cour d'Appel.

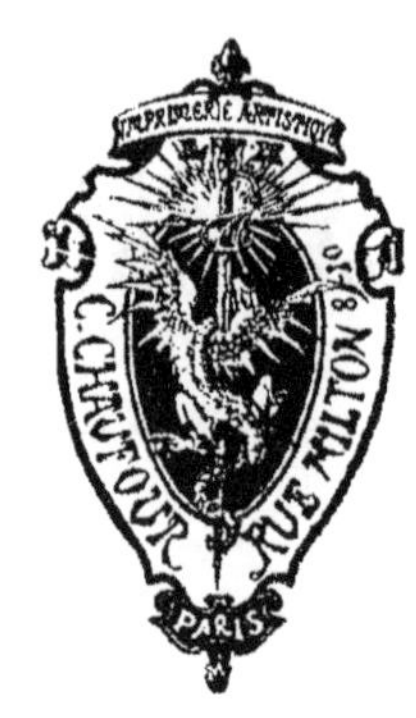

CATALOGUE

DES

TAPISSERIES ANCIENNES

OBJETS D'ART & D'AMEUBLEMENT

Porcelaines de Chine, du Japon, de l'Inde et Européennes
Faïences Italiennes, Françaises et Hollandaises
Bronzes, Fers, Emaux cloisonnés, Sculptures, Ivoires
Orfèvrerie, Verrerie

HARPE — MANDOLINE

TABLEAUX ET AQUARELLES MODERNES

Œuvres de Paul Baudry, Charles Jacque
Gustave Moreau, Raffaelli, Moreau de Tours

MEUBLES

Époques et Styles Renaissance et XVIIIe Siècle

SIÈGES COUVERTS EN TAPISSERIE

TAPIS D'ORIENT — ÉTOFFES

Provenant de la Collection

de feu M. A. CHESSÉ, de Nantes

ET DONT LA VENTE AURA LIEU

HOTEL DROUOT — SALLE N° 7

Les Mercredi 27 et Jeudi 28 Février 1907

A 2 HEURES

Me LAIR-DUBREUIL	**M. A. BLOCHE**
COMMISSAIRE-PRISEUR	EXPERT PRÈS LA COUR D'APPEL
6 — *Rue Favart* — 6	52, *Rue de Châteaudun*, 52

CHEZ LESQUELS ON TROUVE LE PRÉSENT CATALOGUE

EXPOSITION PUBLIQUE

Le Mardi 26 Février 1907, de 2 à 6 heures

CONDITIONS DE LA VENTE

Elle sera faite au comptant.

Les acquéreurs paieront 10 o/o en sus des enchères.

L'exposition mettant le public à même de se rendre compte de l'état des objets, il ne sera admis aucune réclamation une fois l'adjudication prononcée.

ORDRE DES VACATIONS

Mercredi 27 Février

Tableaux, Aquarelles, Dessins, Gravures.	35 à 64
Porcelaines Européennes, de Chine et du Japon	91 à 149
Faïences	150 à 179

Jeudi 28 Février

Verrerie	217 à 237
Orfèvrerie, Ivoires, Boîtes, Miniatures	180 à 206
Sculptures, Objets divers	207 à 216
Bronzes, Fers, Emaux cloisonnés	67 à 90
Harpe, Mandoline	65 et 66
Meubles	10 à 23
Sièges, Ecrans	24 à 34
Tapisseries	1 à 9
Tapis d'Orient, Etoffes	238 à 253

DESIGNATION

TAPISSERIES

1 à 3 — Suite de trois tapisseries d'Aubusson
représentant des paysages animés de volatiles
avec vues de châteaux d'eau ornés de vases de
fleurs. Bordure à arabesques fleuries, ornements, corbeilles et écussons. Époque com-
mencement du XVIIIe siècle.

1re. Long. : 5^m40. Haut. : 2^m70.
2me. Long. : 5 m. Haut. : 2^m80.
3me. Long. : 2^m45. Haut. : 2^m70.

4 — Tapisserie représentant des petits personnages et des chiens à la poursuite d'un loup
qui emporte un agneau à travers un paysage

boisé. Bordure à trophées de musique et de
carquois, chutes de fleurs et oiseaux. Epoque
xviiie siècle.

Long. : 3m30. Haut. . 2m90.

5 — Grande cantonnière en tapisserie d'Aubusson, dessin à écussons, ornements vases de
fleurs et arabesques, palmes et fleurs. Epoque
Louis XIV.

Long. : 4m10. Haut. : 3m60.

6 — Portière en tapisserie dite Verdure, avec
bordure à guirlandes de fleurs. Epoque xviiie
siècle.

Larg. : 1m50. Haut. : 2m65.

7 — Tapisserie verdure animée de volatile, bordure à arabesques d'ornements. Fin xviie siècle.

Larg. : 2m80. Haut. : 2m80.

8 — Portière en tapisserie dite verdure avec large
bordure à guirlandes de fleurs et ornements.
xviiie siècle.

Long. : 1m20. Haut. : 2m90.

9 — Fragment de bande de tapisserie ancienne
à fleurs et ornements.

MEUBLES

10 — Crédence en bois de noyer sculpté ouvrant
à trois portes offrant en bas-relief des compositions inspirées de Jean Goujon, montants à
pilastres feuillagés, supportés par des accou-
plements de cariatides de femmes ailées. Le
panneau du fond présente un motif à tête de
satyre au milieu de chevaux ailés et de rin-
ceaux. Travail en partie du XVIᵉ siècle.

11 — Meuble crédence en chêne sculpté, ouvrant
à deux portes décorées de figures de nymphes
montants à colonnettes et niches avec statuettes
de personnages debout. Fin du XVIᵉ siècle.

12 — Cabinet hispano-mauresque posant sur scri-
ban en bois sculpté. Style XVᵉ siècle.

13 — Petit bureau Louis XV ouvrant à dos d'âne
en marqueterie de bois, dessin à gerbes de
fleurs enrubannées.

14 — Guéridon rond en bois d'acajou orné de perlés de cuivre ouvrant autour à deux tiroirs et deux tablettes, dessus en marbre blanc. Epoque fin Louis XVI.

15 — Petite table ovale à trois tiroirs en bois de rose et marqueterie, dessus en marbre blanc avec galerie de cuivre. Epoque Louis XVI.

16 — Table à jeu et à tric-trac en bois noir, garni de bronzes polis. Style Louis XIV.

17 — Deux encoignures ouvrant à deux portes genre vernis Martin, peintures à personnages siamois dans des paysages fond jaune à bouquets de fleurs. Style Louis XV.

18 — Table en bois de noyer sculpté fond d'or, dessus en velours frappé. Style Louis XV.

19 — Horloge en bois de noyer, ornée de gouaches à sujets allégoriques. XVIIIe siècle.

20 — Support en bois sculpté à cariatide de femme ailée. Style Louis XV.

21 — Petite glace cadre bois sculpté et doré, xviiie siècle.

22 — Glace d'oratoire gravée. xviiie siècle.

23 — Support en bois de fer sculpté de Chine.

SIÈGES, ÉCRANS

24 — Trois fauteuils à hauts dossiers en tapisserie au point : vases de fleurs, ornements et
petits personnages. Époque Louis XIII. Bois
de noyer de style Louis XIII.

25 — Fauteuil en bois sculpté couvert en tapisserie au point, médaillon de fleurs fond
jaune contrefond noir à ornements. Époque
Louis XIV.

26 — Fauteuil couvert en tapisserie au point à
fleurs et ornements. Époque Louis XIV. Bois
de noyer sculpté de style.

27 — Deux petits fauteuils en bois sculpté couverts en tapisserie au point, arbres et gerbes
de fleurs. Époque Louis XV.

28 — Trois chaises dont deux à hauts dossiers
garnis d'ancienne tapisserie au point et au
petit point à personnages et animaux, dessus
en velours de lin, bois sculpté. Style Louis XIV.

29 — Trois tabourets en bois sculpté de style
Louis XV, couverts d'ancienne tapisserie au
point et au petit point : médaillons à personnages fond à oiseaux, fleurs et ornements.

30 — Un fauteuil et trois chaises en bois sculpté,
époque Louis XV, couverts en velours
d'Utrecht fond jaune à petit dessin.

31 — Huit fauteuils en bois de noyer sculpté rehaussé d'or par parties, couverts en tapisserie
d'Aubusson, dessins à bouquets de fleurs,
style Louis XVI. De la maison Coffin.

32 — Fauteuil de forme Henri II en bois de noyer
sculpté couvert en ancien point de Hongrie,
dessin à fleurs.

33 — Écran en bois sculpté et doré, panneau
en tapisserie au petit point : médaillon
paysage avec oiseaux, encadré de fleurs. Style
Louis XIV.

34 — Ecran en ancienne tapisserie au point représentant Orphée et deux musiciens au milieu
de grands ramages, bois de noyer sculpté.
Style Louis XIV.

TABLEAUX, AQUARELLES

DESSINS

35 — BAUDRY (Paul). Tête de femme, figure allégorique de la Justice. Esquisse, signée. Cadre noyer sculpté.

36 — BERTHAULT. Scènes de la Révolution. Quinze lithographies.

37 — BOULANGER. Intérieur oriental. Signé à gauche.

38 — BUHOT (Félix). Vues de Paris et de Dinard. Cinq eaux-fortes.

39 — CAIN (Georges). En promenade. Signé à droite.

40 — CHABRY. Bords du Nil. Signé à droite.

41 — CLÉMENT. Rochers au bord de la mer. Signé à gauche.

42 — CURZON (De). Personnages de l'antiquité méditant au bord de la mer. Signé à gauche.

43 — DELAUNAY (Elie). Jésus et les apôtres. Esquisse.

44 — DUPRÉ (Victor). Troupeau de vaches à l'abreuvoir. Signé à gauche et daté 1850.

45 — FREMS. Ville hollandaise au bord du grand canal. Signé à gauche et daté 1691.

46 — FROMENTIN (Attribué à). Le passage du gué en Afrique. Dessin.

47 — IWILL. Enfants sous bois. Signé à droite

48 — JACQUE (Charles). Troupeau de moutons près d'une mare. Signé à droite.

49 — JACQUE (Charles). Les moutons et la pie. Signé à droite.

50 — MASURE. Au bord de la mer. Signé à gauche.

51 — MOREAU (Gustave). Rêve d'Orient. Très belle aquarelle signée.

52 — MOREAU DE TOURS. Sur la terrasse. Signé à gauche.

53 — PÉTILLION. Les bords de la Seine. Signé et daté 1886.

54 — RAFFAELLI (J.-F.). Sur le port. Signé à droite.

55 — ROCHEBRUNE. Les châteaux de Blois et de Châteaudun. Deux gravures.

56 — SOULÈS (Eugène). Bords de la Seine, Environs de Marly. Aquarelle.

THOMAS (F.)

57 — Le gars ramenant les chevaux à la ferme. Signé à droite.

TOCHÉ (Charles)

58 — Intérieur d'un palais italien. Aquarelle.

VIK (Van)

59 — Paysages. Deux pendants.

WYNANTS

60 — Halte de paysans.

YON

61 — Causerie sur l'herbe. Signé à droite.

ÉCOLE FRANÇAISE DU XVIIIᵉ SIÈCLE

62 — Portrait de femme mettant un œillet à son corsage.

ÉCOLE MODERNE

63 — Cheval.

64 — Environ trente gravures anciennes dans un carton.

HARPE. MANDOLINE

65 — Harpe en bois sculpté, fond vert à rehauts d'or, peinture à figures d'amours musiciens, trophées de musique et fleurs, XVIIIe siècle.

66 — Mandoline ornée de peintures, vignettes de missel et d'incrustations de nacre et d'ivoire.

BRONZES. FERS
ÉMAUX CLOISONNÉS

67 — Pendule avec socle d'applique en marqueterie de cuivre sur fond d'écaille, garnie de bronzes dorés à figures et rocailles. Cadran signé : Collot, à Paris. Époque Régence.

68 — Grand groupe en bronze : l'Hallali, de Mène.

69 — Grande jardinière en bronze du Japon, à fleurs et oiseaux en bas-relief.

70 — Deux landiers en fer forgé et cuivre, modèle aux dauphins et tridents, style Henri II, avec pelle, pincettes et barrette.

71 — Deux chenêts en cuivre poli à boules sur pylones ornés de mascarons. Epoque Louis XIII.

72 — Garniture de foyer en bronze, modèle : brûle-parfums sur balustradre, avec pelle e pincettes. Style Louis XVI.

73 — Deux girandoles en bronze ornées de cristaux. Style Louis XIV.

74 — Paire de flambeaux en bronze ciselé et doré à groupes de cariatides enguirlandées de fleurs. Style Louis XVI.

75 — Deux bouts de table à deux lumières en cuivre poli. Style Louis XV.

76 — Grand chandelier en bronze gravé, XVIIIᵉ siècle.

77 — Vase en cristal taillé, monture bronze doré, dans le goût chinois.

78 — Paire de candélabres à cinq lumières en bronze argenté. Style Louis XVI.

79 — Canard et ibis en bronze du Japon.

80 — Brûle-parfums bronze ancien du Japon.

81 — Mortier et série de poids en bronze, XVIᵉ siècle.

82 — Petite chimère en bronze du Japon ancien.

83 — Personnage en bronze ancien du Japon.

84 — Écrevisse en bronze du Japon.

85 — Croix et reliquaire en cuivre.

86 — Lampe formée par un vase en ancien émail
cloisonné du Japon, décor oiseaux et fleurs,
monture bronze fumé et frotté.

87 — Jardinière en émail cloisonné, fond bleu
turquoise à fleurs, monture bronze dans le
goût chinois.

88 — Plat en émail cloisonné du Japon, décor à
fleurs.

89 — Paire de lampes formées par des vases en
cuivre gravé de Perse, à personnages et entrelacs.

90 — Théière en métal avec couvercle en émail
cloisonné du Japon.

PORCELAINES

DE CHINE ET DU JAPON

91 — Grand vase en ancienne porcelaine de
céladon craquelée, décor à entrelacs de feuillages gravés sous couverte. Monture en bronze
doré de style Louis XV.

92 — Important service en ancienne porcelaine
de Chine, famille des Indes, riche décor à
paysages et fleurs, composé de : quatre grands
plats, six plats moyens et six petits plats,
deux grandes assiettes et cinq moyennes pour
dresser le dessert, deux soupières avec couvercles, quatre légumiers, deux saladiers,
quatre saucières, vingt-six assiettes à potage,
quatre-vingt-seize grandes assiettes et trente
autres à dessert, en tout cent quatre-vingt-
sept pièces.

93 — Deux vases vieux Chine, famille verte,
décor à entrelacs et fleurs.

94 — Potiche vieux Chine avec couvercle, décor fleurs et oiseaux.

95 — Potiche vieux Chine famille verte, décor à personnages.

96 — Deux grandes potiches du Japon, forme à pans, decor oiseaux et fleurs en bleu sur blanc.

97 — Potiche du Japon, décor laqué fond rouge à lambrequins.

98 à 102 — Dix plats en ancienne porcelaine de Chine, de la famille rose, de la famille verte à décors variés.

103 à 112 — Trente plats en porcelaine des Indes, de Chine et du Japon, à décors de fleurs, de paysages et de personnages; compositions diverses.

113 à 119 — Soixante-trois assiettes en ancienne porcelaine de Chine, de la famille rose, à décors divers de fleurs, de paysages et de lambrequins.

120 à 123 — Quarante assiettes en ancienne porcelaine de Chine, du Japon et des Indes, décors variés.

124 à 126 — Vingt-deux assiettes porcelaines diverses de l'Extrême-Orient.

127 — Deux petites potiches en vieux Japon, décor polychrome.

128 à 131 — Dix vases de différentes formes de Chine et du Japon, décors variés.

PORCELAINES EUROPÉENNES

132 — Tête-à-tête en porcelaine de Saxe, décoré de médaillons à sujets mythologiques en camaïeu.

133 — Chocolatière de Saxe, décor médaillon, vue de château et petits personnages.

134 — Service en porcelaine Barbeau composé d'environ cinquante-huit pièces. décor à bouquets de fleurs.

135 à 137 — Dix-huit assiettes en porcelaine de Sèvres, de Saxe et autres fabriques à décors variés.

138-139 — Cinq groupes et statuettes en porcelaine d'Allemagne.

140-141 — Trois cafetières en porcelaine d'Allemagne, décors divers.

142 à 146 — Cinq théières et trois pots à crème
neuf tasses et huit soucoupes en porcelaine
d'Allemagne, décors variés.

147 à 149 — Deux pots à fard, encrier, vase à
trois compartiments, ravier, beurrier, boîte à
thé, moutardier, sonnette en porcelaines de
Saxe et diverses fabriques d'Allemagne.

FAÏENCES

305 150) — Paire de vases en faïence italienne, décor à ornements et feuillages.

245 151 — Bouteille en ancienne faïence de Castel-Durante, décor à buste de personnage et ornements.

310 152 à 154 — Huit vases de différentes formes en faïence italienne, décor à ornements et feuillages.

155 à 157 — Huit plats en anciennes faïences de Moustiers, de Rouen et de Nevers, décors polychromes et variés.

158 à 161 — Douze plats en faïences de Marseille, Strasbourg, décors de fleurs et d'ornements.

162 à 166 — Quarante-trois assiettes de diverses fabriques françaises.

167 à 169 — Dix pièces : cornets, vases et aiguières en faïence italienne, décors variés.

170 à 172 — Sept pièces de Moustiers et de Marseille : jardinières, aiguières avec cuvettes,
théières et veilleuses.

173 — Deux potiches ovoïdes de Delft polychrome et doré.

174 — Vase côtelé de Delft décor à fleurs et lambrequins.

175 — Grand plat dit à reptiles en faïence d'Avis-
seau, encadré.

176 — Jardinière en terre émaillée fond vert,
décor en relief.

177 — Deux brûle-parfums de Satzuma décor
paons et autres oiseaux dans des paysages.

178 — Poêle en ancienne faïence d'Orléans, décor
jaspé vert et manganèse.

179 — Deux grandes chimères en terre émaillée
de la Chine.

ORFÈVRERIE

IVOIRE. BOITES. MINIATURES

180 — Seau à rafraîchir ancien argenté.

181 — Deux bas-reliefs repoussés sur argent : emblèmes rehaussés d'émail par parties.

182 — Calice en argent gravé.

183 — Gobelet en argent repoussé, XVIIIe siècle.

184 — Statuette de la Vierge en ivoire.

185 — Quatre statuettes os et bois sculpté.

186 à 191 — Trente-et-un netzkés en ivoire japonais offrant des sujets différents.

192 — Petit bas-relief ovale en ivoire ancien.

193 — Volet de triptyque, représentant les Martyrs ; sculpture ancienne sur ivoire.

191 à 197 — Huit miniatures anciennes : Portraits
et sujets.

198 — Petite plaque en ancien émail de Limoges.

199 -- Médaillon à double face, sujet religieux,
monture or.

200 — Lorgnette ancienne.

201 — Bonbonnière forme mandoline, monture or.

202 — Boîte en marbre sculpté.

203 à 206 — Sept pièces de vitrine argent : pla-
ques, étuis, reliquaire, tabatières.

SCULPTURES, OBJETS DIVERS

207 — Vase cylindrique en bois orné d'applications d'ivoire et de nacre représentant des ibis dans un paysage, monture en bronze ciselé et doré dans le goût chinois.

208 — Grand soufflet en bois sculpté à double face offrant des dauphins et des oiseaux, style Renaissance.

209 — Groupe de Vierge et enfant en bois sculpté et doré.

210 — Jardinière en bois, décor laqué et incrusté de nacre du Japon.

211 — Fronton de tabernacle en bois sculpté et doré, époque Louis XIII.

212 — Statue en terre cuite : l'Amour blessé, de Carpeaux signée et datée 1874.

213 — Groupe en terre cuite : Bacchante et enfant, d'après Clodion.

214 — Paire de vases en cristal gravé, monture bronze dans le goût chinois.

215 — Vase en cristal, décor à chauve-souris.

216 — Chimère en pierre de lard, socle en bois sculpté.

VERRERIE

217 — Sept flacons à vin en verre de Venise.

218 — Sept grands flacons et quatre petits en verrerie ancienne, forme carrée.

219 — Service en verre taillé et gravé, rehaussé d'or composé de six grands flacons, six petits, huit verres, deux sucriers, un sablier, un moutardier et un entonnoir.

220 — Cinq grands verres gravés.

221 — Deux verres sur pieds gravés.

222 — Trente-six verres de différentes formes gravés, peints ou taillés.

223 — Huit pots à crème taillés, Premier Empire.

224 — Cinq confituriers avec couvercles, dont quatre avec plateaux.

225 — Deux corbeilles en verre ajouré.

226 — Beurrier avec assiette.

227 — Deux plateaux verre taillé.

228 — Deux confituriers avec plateaux gravés et dorés.

229 — Deux autres gravés.

230 — Salière double et trois moutardiers.

231 — Huit pots à crème taillés. Premier Empire.

232 — Verre à pied et vase à long col de Venise.

233 — Quatre burettes, formes variées.

234 — Quatre grands flacons gravés de différentes formes.

235 — Deux autres plus petits, forme de gourdes.

236-237 — Pièces diverses de verrerie ancienne.

TAPIS D'ORIENT, ÉTOFFES

238 — Petit tapis ancien de Perse, dessin à lo-
sanges fond bleu et fond rouge sur contrefond jaune d'or à semis d'ornements.

Long. : 1m95; Larg. : 1m35.

239 — Tapis ancien d'Orient fond gros bleu à
palmes, bordure fond blanc à petits ornements

Long. : 3m40; Larg. : 1m40.

240 — Petit tapis ancien d'Orient fond rouge,
large bordure fond jaune, dessin à rosaces.

Long. : 1m50; Larg. : 1m10.

241 — Tapis ancien de Perse fond rouge velouté,
dessin à carrelages et ornements.

Long. : 2m95; Larg. : 2 mètres.

242 — Tapis ancien de Perse fond rouge, angles
fond bleu, bordure fond jaune, dessin à fleurs
et ornements.

Long. : 1m65; Larg. : 1m40.

243 — Panneau en satin jaune d'or, portail fleuri
encadré de branchages. Travail ancien d'O-
rient.

244 — Petit tapis d'autel en peluche rouge orné d'applications de broderies anciennes à fleurs et feuillage.

245 — Petit tapis de table en satin violet à fleurs et gerbes de feuillage. Travail ancien d'Orient.

246 — Tapis de table rond en soie blanche brodée, offrant des paysages et des vues de mosquées. Travail ancien.

247 — Bandeau en satin de Chine gros bleu brodé fleurs et papillons.

248 — Cinq coussins en velours de Scutari, dessin polychromé sur fond jaune d'or.

249 — Dessus de coussin en velours de Scutari, dessin polychrome sur fond mordoré.

250 — Fragment de chappe en ancien brocart fond blanc à fleurs et feuillages, avec inscription : Donné par M. de Narbonne.

251 — Bandeau en soierie blanche ancienne, brochée à fleurs.

252 — Lot de franges et galons.

253 — Objets omis.